DECORACIÓN
Zen

LA MANERA DE ARMONIZAR EL HOGAR CON ADORNOS Y OBJETOS

NOELI

Noeli
    Decoración zen. - 1a ed. - Buenos Aires : Dos Tintas , 2013.

    1. Feng Shui.
    CDD 133.333 7

ÍNDICE

INTRODUCCIÓN: JARDINES Y ELEMENTOS

El zen tiene como objetivo la expansión de la conciencia. Es una mezcla de filosofías e idiosincrasias de tres culturas diferentes.

Viene de las distintas escuelas del budismo, tiene su raíz en la India, aunque en China adquiere su forma definitiva.

La palabra zen es la pronunciación en japonés de una palabra china que, a su vez, deriva del sánscrito que significa "meditación", que es el estado de concentración sobre un objeto externo, o bien, sobre la propia conciencia.

No solo puede tener propósitos religiosos sino también estar direccionado en el mantenimiento de la salud física y mental.

El hombre físicamente camina en el elemento tiempo, pero en ocasiones es como si atravesara un lodo espeso, que le hace arrastrar sus pies. El zen enseña que debemos de comprometernos y reconocer los pasos que nos llevan a progresar hacia un entendimiento que nos acerca a la iluminación. Todos tenemos potencial para lograr la iluminación.

JARDINES

Los jardines zen representan el universo y están concebidos para inspirar vitalidad y serenidad. Representan también el camino de la vida, constantemente lleno de cambios, diversos surcos, altas y bajas, tropiezos y obstáculos, brillo y oscuridad, sombra y luz. Permite, dar descanso a nuestra mente, concentrarla en un solo punto. Tranquilizar la ansiedad, la angustia y los miedos.

Nos permiten reflejar nuestros sentimientos más profundos mediante el diseño y los modelos que podemos crear. Las pequeñas cosas adquieren gran importancia cuando se nos presenta la oportunidad de vislumbrar el significado del mundo en un grano de arena, ya que éste se ha creado en la más perfecta simplicidad. Nos aportará calma, hará volar la mente y nos acercará a la realidad de nuestra naturaleza más profunda. Detrás de este jardín en miniatura hay siglos de esfuerzo disciplinado y de desarrollo espiritual.

Es un instrumento de meditación y relajación. Podemos cambiar su forma infinitas veces, retirando las rocas, alisando las piedras, retirando y colocando elementos y trazando los surcos que representan nuevas oportunidades para continuar en nuestro sendero, dándonos la posibilidad de renovarnos con cada experiencia.

ELEMENTOS

Arena/tierra/conchilla: representa la plataforma sobre la cual existimos, es un elemento que absorbe, recicla y transmuta la energía a través de su magnetismo. La presencia de este elemento nos ayuda a neutralizar las frecuencias nocivas, todos los pensamientos, emociones, actitudes o energías creando un ambiente de tranquilidad y serenidad.

Rocas/piedras: representan los obstáculos y tropiezos que enfrentamos a lo largo de la vida. Sin importar que tan grandes o pequeños sean, siempre nos van dejando una enseñanza. Nada sucede por casualidad, todo tiene un motivo de causa y efecto. Las rocas simbolizan las experiencias y los peldaños a través de los que avanzamos en la vida.

Cuarzo: son seres vivientes de la tierra, que por sus cualidades permiten recibir, almacenar y transmitir energía positiva. En el jardín zen, los cristales actúan como generadores permanentes de energía, ayudando a crear una sensación de armonía y equilibrio en los espacios. La translucencia del cristal revela la luz del entendimiento, ya que al ser transparente es muestra de sencillez, humildad y modestia.

Velas: iluminan el camino a seguir. De ellas se puede recibir la claridad que viene de la calma y la meditación.

DOMINA TUS PALABRAS…
DOMINA TUS PENSAMIENTOS…
NO HAGAS DAÑO A NADIE.
SIGUE FIELMENTE ESTOS PASOS
Y AVANZARÁS EN EL CAMINO
DE LOS SABIOS…

MODELOS DE *jardines*

TRIBUTO

MATERIALES

- 2 bandejas rectangulares de fibrofácil de tamaño a elección
- Pincel chato de cerdas suaves
- Acrílico negro
- Barniz
- Lija suave
- Arena y/o piedras pequeñas
- Vela de noche con soporte metálico
- Imagen de Buda a elección del tamaño adecuado para ser aplicada en la bandeja vertical
- Pegamento de doble contacto
- Barniz dimensional

PROCEDIMIENTO

Pintar ambas bandejas con pincel chato y acrílico negro, cubrir con dos manos, dejando secar muy bien entre mano y mano y lijando suavemente antes, entre manos y al final.

Barnizar la bandeja que será el soporte horizontal y reservar.

La bandeja que va en posición vertical irá colocada perpendicularmente sobre la otra, y adherida con el pegamento que hayamos elegido, pero previamente presentaremos sobre la base que quedará expuesta al frente la imagen elegida.

Una vez ubicada, pegarla y colocar el barniz dimensional sobre ella, con aplicador o con el pincel, colocándolo de a gotas, sin estirar el material con pinceladas. Hay que tener en cuenta que este barniz es autonivelante, por lo cual deberá dejarse secar horizontalmente por lo menos por 3 o 4 horas y no tocar la superficie barnizada por lo menos por 24 horas más.

Barnizar la bandeja que hemos decorado sin pasar por encima del barniz dimensional, en el frente y en el dorso.

Armar el jardín disponiendo las bandejas en su posición definitiva y pegándolas entre sí y completar la bandeja de base colocando, en primer lugar, el soporte metálico de la vela, adherido con pegamento de doble contacto, a la base y completar con arena o piedras, según hayamos elegido.

DE TRES ESTRATOS

MATERIALES

- 3 bandejas de fibrofácil de tamaño a elección – idéntico para las 3 –
- Acrílico negro
- Pincel chato de cerdas suaves
- Barniz
- Lija suave
- Vela de noche con soporte metálico
- Arena
- Piedra partida
- Conchilla
- Piedras tipo canto rodado o pómez rota
- Planta pequeña artificial o varitas de mimbre o de caña de bambú
- Rastrillo de madera balsa
- Pegamento de doble contacto

PROCEDIMIENTO

Pintar las tres bandejas por todos sus lados con pincel chato y acrílico negro, con por lo menos, dos manos, lijando suavemente antes, entre mano y mano y al final.

Barnizar. Colocar dos de las bandejas en forma paralela unidas por los lados más largos y pegarlas entre sí.

Pegar por encima de ellas, en forma transversal, y pegar los puntos de contacto con las bandejas de base.

Teniendo la estructura de las tres bandejas unidas, disponer los materiales a gusto. En una, disponer la arena con alguna de las piedras más grandes, en la otra bandeja, la piedra partida o la conchilla y en cualquiera de ellas adherir la base metálica de la vela y completar con el elemento que hayamos elegido.

Colocar alguna planta mini para ornamentar, o decorar con las varillas de bambú o mimbre.

Sobre la arena, colocar el rastrillo de madera balsa, para dibujar sobre ella.

PARA TENER EN CUENTA:

Rastrillo de madera balsa: Para realizarlo, hay que cortar un rectángulo de 2,5 cm por 1cm, de una plancha de madera balsa bien finita, realizar pequeños cortes en uno de los lados largos, a modo de peine y adherirle una varillita de aproximadamente 10 cm de largo del mismo material.

TRADICIONAL

MATERIALES

• Bandeja de fibrofácil de 25 x 15 cm

• 2 varillas: 1 que atraviese la bandeja a lo ancho (la medida dependerá del ancho de los cantos de la bandeja) y 1 varilla de 8 cm ambas de idéntico espesor

• Arena

• Conchillas

• Piedra partida

• Rocas de canto rodado o pómez

• Acrílico negro

• Pincel chato de cerdas suaves

• Barniz

• Lija suave

• Rastrillo de madera balsa (ver modo de hacerlo en el procedimiento del jardín de 3 estratos)

PROCEDIMIENTO

Pintar la bandeja con tres manos de acrílico negro utilizando el pincel chato de cerdas suaves, lijando ligeramente antes, entre mano y mano y al final. Barnizar.

Hacer lo mismo con las varillas.

Insertar la varilla más larga, a lo ancho de la bandeja, dejando dos espacios, uno de 8 cm por el ancho de la bandeja y el otro de 16 cm aproximadamente.

La otra varilla de 8 cm irá insertada perpendicularmente entre la varilla anterior y el extremo más cercano de la bandeja.

De este modo, se obtendrán tres espacios bien delimitados, en el más grande se colocará la conchilla. En uno de los pequeños, irá la arena la piedra partida y en el otro, la arena.

El rastrillo se coloca sobre la conchilla. Este último, si se desea, se puede pintar de negro, también.

EN CRISTAL

MATERIALES

• Recipiente de cristal de formato cilíndrico

• Piedra partida

• Arena

• Rocas

• Planta mini para ornamentación artificial

• Cartulina o cartón blando

• Perfil para cantos de color a elección o plancha extrafina de madera balsa

• Pegamento instantáneo en gel

PROCEDIMIENTO

Lavar y desengrasar el recipiente de cristal.

Con un segmento de cartulina o de cartón blando, atravesar verticalmente el recipiente dividiendo su capacidad en dos semicírculos.

Una variable de esto último es darle la inclinación al papel de manera tal de formar las partes del yin y el yang. Con el papel colocado en el lugar definitivo y con ayuda de una pequeña pala o cuchara, rellenar de un lado del papel con arena y del otro con la piedra partida.

Retirar suavemente el papel de manera que quede montado el jardín, de la forma que habíamos diseñado.

Ornamentar con una pequeña planta artificial o con alguna mini vela, o colocando rocas grandes del lado de la arena.

Con el perfil para cantos, rodear la base del cilindro de cristal y pegar con el pegamento instantáneo en gel, a modo de sócalo. Y si se dispone de una lámina extrafina de madera balsa se puede colorear con barniz con color o una aguada de acrílico marrón.

NI TUS PEORES ENEMIGOS
TE PUEDEN HACER TANTO DAÑO
COMO TUS PROPIOS
PENSAMIENTOS.

EL CÍRCULO ZEN O ENSO

El círculo representa en su vaciedad, la plenitud, la simplicidad, la integridad, la infinidad, la perfección de la armonía. Pintado con tinta, es un símbolo espiritual de muy profundo significado.

El círculo, según el entendimiento de la tradición del zen, es una representación de nuestro verdadero ser. Es pintado o escrito en una forma que no es perfecta, por una mano humana, con un pincel, y es perfecto nada más así como es. Guiado, en el momento, por el estado de la mente del pintor.

Nunca es un círculo cerrado, existe siempre una apertura en alguna parte que indica que se abre al espacio, al infinito.

Se plasma rápidamente el círculo sobre el papel, con un solo trazo del pincel y en una fracción de segundo.

El círculo zen es muy antiguo y considerado como símbolo de iluminación.

También llamado: enso, que significa "fase circular", representa los ciclos, las repeticiones, el eterno retorno, la búsqueda del centro, el ciclo infinito de la vida y el universo.

Varían en su forma desde los perfectamente simétricos hasta los completamente asimétricos y en algunas pinturas llevan una inscripción que lo acompaña para darle, al observador, una idea respecto al significado fundamental de un círculo zen en particular.

Cuando se toma más profundamente, el círculo simboliza el vacío de la nada, el círculo de la vida y la totalidad del espíritu.

El enso es la imagen del cielo y de la tierra, de las estaciones, de la vida. Pintado con un rápido trazo; seguro pero humilde; grueso pero lleno de bondad, es tan perfecto, que tiene el poder de liberar y transformar al que lo contempla con claridad.

RELOJ DE PARED

MATERIALES

• Representación gráfica del círculo zen (impresa o dibujado a mano alzada, con tinta china sobre hoja blanca o paspartú)

• Círculo de fibrofácil de diámetro similar al de la figura (esto puede reemplazarse por otro soporte: tapa de pote de helado, cd, bastidor circular, tapa de caja de cartón, etc.)

• Pincel para caligrafía oriental

• Tinta china

• Máquina de reloj con juego de agujas

• Cola vinílica

• Pincel chato de baja calidad o de uso frecuente

• Agujereadora (acorde al material a perforar)

• Barniz

• Pincel chato de cerdas suaves

• Pila para reloj

• Dispositivo para colgar en la pared

• Pegamento de doble contacto
• Acrílico blanco
• Lija suave

PROCEDIMIENTO

Preparar la base de madera (o la elegida) haciéndole una perforación en el centro, utilizando una mecha del mismo diámetro que el perno de la máquina de reloj que hayamos conseguido.

Con el pincel chato, pintar de blanco, lijándola suavemente y limpiando bien todo resto de polvillo. Reservar.

Si elegimos imprimir la imagen prediseñada del enso, cortar el círculo por su contorno, presentándolo sobre la base para chequear que esta lo contenga bien centrado.

Si elegimos hacer el propio, disponer en una hoja blanca o paspartú las dimensiones calcadas del soporte a colgar y dentro de la figura, dibujar nuestro propio enso con ayuda del pincel para caligrafía oriental y la tinta china. Dejar secar muy bien, antes de utilizar en los pasos siguientes.

Pincelar el soporte con una capa fina de cola vinílica, diluida con un poco de agua, con el pincel de uso frecuente o de baja calidad –ya que este material lo deteriora mucho– dejar orear por unos minutos (sin que se seque) y pegar la figura haciendo una leve presión desde el centro hacia los bordes, con la ayuda de un paño suave y limpio, para sacar cualquier burbuja de aire que pueda formarse.

Recuperar la perforación central con ayuda de algún elemento punzante (punzón, destornillador, cola de pincel, etc.).

Nuevamente, utilizando el pincel chato de cerdas suaves, aplicar una o dos manos de barniz (dejando secar muy bien entre mano y mano) para proteger el trabajo.

Colocar la máquina de reloj en su posición y armar el mecanismo completo, con la o las baterías que corresponda.

Aplicar al dorso, con pegamento de doble contacto, el dispositivo que nos permita colgarlo en la pared, si es lo que elegimos. O bien, colocaremos un soporte de mesa, de madera o de metal, como los que se usan para lucir platos ornamentales.

FANAL ENSO

MATERIALES

- Vidrio de, aproximadamente, 10 x 15 cm
- Soporte para fanal de metal (si no se consigue, puede reemplazarse por un soporte metálico para platos ornamentales más un soporte para vela de noche)
- Acrílico negro y blanco
- Esponja
- Pincel para caligrafía oriental
- Barniz en aerosol mate
- Vela de noche con soporte metálico

PROCEDIMIENTO

Limpiar y desengrasar el vidrio de ambos lados.

Trazar el círculo a mano alzada en sentido de espejo, ya que trabajaremos en el dorso del vidrio.

Para facilitar esta tarea, hay dos opciones, una de ellas es colocar algún molde redondo y trazar a su alrededor el círculo cuidando la dirección ya que estaremos trabajando desde atrás. Y la otra opción es que, con una impresión en espejo del círculo, la coloquemos por debajo del vidrio y nos sirvamos de él para trazarlo con esa guía.

Dejar secar bien, y por sobre lo que ya pintamos daremos toques de acrílico blanco con ayuda de la esponja, hasta cubrir sutilmente todo el fondo.

Es importante que los toques con la esponja sean suaves y que la pintura esté pura, sin carga de agua. Estamos buscando que la cobertura blanca tiene que tener algo de translúcido.

Luego, colocar en el soporte con la vela detrás.

NUESTRAS
BUENAS Y MALAS
ACCIONES NOS SIGUEN
COMO LA SOMBRA.

RELOJ TRÍPTICO

MATERIALES

- 3 bastidores de fibrofácil, de tamaño a elección.
- Pincel chato de cerdas suaves
- Acrílico blanco y negro
- Barniz
- Cinta adhesiva doble faz
- Máquina de reloj con juego de agujas
- Pila
- Agujereadora
- Imagen impresa cuyo tamaño sea similar a la suma de la superficie de los 3 bastidores juntos.
- Cola vinílica
- Trincheta con hoja nueva
- Pincel chato de uso frecuente o de baja calidad

PROCEDIMIENTO

Pintar los cantos de los bastidores prolijamente de color negro y la superficie de los mismos de color blanco.

Barnizar, únicamente, los cantos negros.

Presentar en la mesa los tres bastidores y pegarlos entre sí por los laterales, con la cinta adhesiva doble faz, formando una única gran superficie.

Pincelar, usando el pincel de peor calidad, con cola vinílica apenas diluida con un poco de agua. Dejar orear unos minutos.

Pegar la imagen centrada, abarcando la superficie de los tres bastidores, presionar con un paño suave y limpio para retirar el aire que pudiera haber quedado, desde el centro hacia los laterales.

Una vez que esté bien adherida la imagen, dar vuelta, presentar en la mesa y pasar la hoja de la trincheta entre bastidor y bastidor, separando las piezas con cuidado.

Retirar los restos de cinta adhesiva de los cantos de los bastidores y separar las tres piezas, prolijando todos los bordes.

En el tercer bastidor, contando el tríptico desde la izquierda hacia la derecha, hacer el agujero con una mecha del mismo diámetro que tiene el perno de la máquina de reloj y a través de él instalar el mecanismo completo.

CUADRO CON PROFUNDIDAD

MATERIALES

• Portaretratos o bastidor para cuadros con profundidad (tipo arte francés)

• Acrílico negro y blanco

• Pincel chato de cerdas suaves

• Barniz

• Paspartú

• Trincheta

• Planta artificial de ornamentación de tamaño proporcional al tamaño del cuadro

• Cola vinílica

• Dispositivo a elección para colgar el cuadro en la pared

PROCEDIMIENTO

Pintar toda la superficie del cuadro de color negro, menos la zona de la profundidad, esa parte va pintada de blanco.

Si el cuadro, en su estructura, incluye vidrio, retirarlo y reservarlo para otro trabajo, en el lugar de éste colocar el paspartú calando en él un cuadrado o rectángulo –según corresponda– para acceder a ver lo que deviene de la profundidad del arreglo.

En el centro, situar una o dos plantas de ornamentación acompañadas por un par de varillas de mimbre que completan la decoración.

Colocar el dispositivo elegido para colgar el cuadro en la pared.

EL ODIO NO DISMINUYE
CON EL ODIO…
EL ODIO DISMINUYE
CON EL AMOR.

CAÑAS ILUMINADAS

MATERIALES

- Bandeja rectangular de fibrofácil
- Pincel chato de cerdas suaves
- Acrílico negro
- Barniz
- Piedra partida o conchilla
- Varillas de mimbre
- Caña de bambú de, aproximadamente, 5 o 6 cm de diámetro
- Velas blancas adaptadas al diámetro de la caña, o parafina para realizar las velas a medida si no se encuentran prefabricadas las que necesitamos.
- Pegamento instantáneo en gel
- Sierra de mano

PROCEDIMIENTO

Pintar con 2 o 3 manos de acrílico la bandeja de fibrofácil, de color negro, en toda su superficie, lijando suavemente antes, entre mano y mano y al final.

Barnizar y reservar.

Cortar la caña de bambú, con la sierra de mano, tomando el nudo como referencia de modo que en los tres tramos cortados, el mismo quede escalonado respecto de las otras dos cañas.

Pegar en la base de la bandeja las cañas, con el pegamento instantáneo. Llenar la bandeja con la piedra partida o la conchilla y colocar las velas en las cañas.

Decorar con las varillas de mimbre a gusto, planta mini y/o priedras, como detalle de terminación.

FUENTE DE AGUA

MATERIALES

• Base de cerámica impermeabilizada para contener el agua y los elementos de la fuente. Para esto puede usarse una fuente comprada especialmente para este fin, puede ser un bol de loza o cerámica de diseño básico esmaltado en su interior, portamacetas esmaltado en su interior, o cualquier recipiente de yeso o bizcocho cerámico debidamente impermeabilizado o esmaltado y horneado

• Bomba de agua pequeña

• Piedras de distintos tamaños de canto rodado, bola, lajas, etc.

• Ornamentación a gusto, con plantas artificiales o pequeñas tinajas

PROCEDIMIENTO

Disponer la base contenedora de la fuente limpia y libre de grasitud y polvillo.

Colocar en su interior la bomba, dejando hacia afuera el cable de alimentación eléctrica. Colocar en la salida de agua la manguera cristal para lograr que la caída de agua sea desde unos centímetros más arriba.

Fijar la ubicación de la bomba con ayuda de las piedras más grandes que se posean y por encima de ellas, las más pequeñas y decorativas. Se puede completar la ornamentación con piedras para pecera, arena de río o piedra partida.

Volcar el agua sobre las piedras, con mucha delicadeza logrando que la inmersión no provoque la pérdida del diseño logrado.

Antes de conectarla a la alimentación eléctrica, debemos asegurarnos de que la bomba está completamente sumergida en el agua, es muy importante para proteger su vida útil.

MÁS GRANDE QUE
LA CONQUISTA EN BATALLAS
DE MIL VECES, MIL HOMBRES,
ES LA CONQUISTA DE UNO
MISMO.

FANAL DE PAPEL

MATERIALES

- Papel translúcido a elección puede ser para fanal, para pantalla, parafinado, de arroz, etc)
- Tapa de caja de fibrofácil cuadrada o rectangular o similar
- Pegamento universal o cola vinílica
- Vela
- Acrílico negro
- Pincel chato de cerdas suaves
- Barniz
- Esferitas o semiesferitas de madera

PROCEDIMIENTO

De acuerdo a la tapa de la caja que se haya conseguido, derivará la forma final del fanal.

Partiendo de una tapa cuadrada, medir la longitud del lado y marcar con lápiz, en la parte interna del pliego del papel, los cuatro segmentos más 1,5 cm.

El alto del fanal será a gusto o de acuerdo al pliego de papel que se haya elegido.

Por cada una de las marcas realizadas, se procederá a doblar, hasta lograr dar con el prisma de cuatro lados más la mencionada pestaña de 1,5 cm. La misma será el margen de papel por el cual se pegará el encuentro del material a lo alto. Rerservar.

Si se han tomado bien todas las medidas, el cuerpo del fanal, formado ahora en papel, encajará justo dentro de la tapa de la caja que le dio las medidas y esta será la base del objeto que estamos construyendo.

Pintar dicha base, de color negro, con dos manos por lo menos, lijando suavemente antes, entre mano y mano y al final.

Pintar también las esferitas de madera o semiesferitas, y adherirlas a la base, a modo de patitas.

Barnizar las piezas pintadas.

Disponer la vela, con base metálica si es de noche, o en un pequeño candelero de cerámica o vidrio si es más grande, sobre la base.

Colocar sobre la base el prisma de papel para terminar.

TIPS PARA LOGRAR EN EL HOGAR UN AUTÉNTICO AMBIENTE ZEN

Los ambientes, inspirados en la decoración zen, son fáciles de reconocer. Los tres secretos de su estética son "los muebles bajos, la creación de vacíos y el juego de luces y transparencias". Un mobiliario que parece flotar a ras del suelo es bañado por una luz suave.

Relajación, sencillez o espiritualidad son algunos de los objetivos a los que podríamos aspirar y la sensación que experimentaremos al entrar en una habitación ajustada a estas características.

• Los muebles, en general, que elegiremos para nuestra casa, deberán ser simples, bajos, de líneas rectas que inviten al orden, sin detalles barrocos, con color natural en las maderas, eligiendo el haya antes que el wengué.

• Los colores a elegir para las paredes deberán ser neutros, blancos, ocres, grises o beiges. Otorgarán serenidad y amplitud a los ambientes.

• En general, los materiales más utilizados deberán ser en estado natural o poco industrializados, como la madera o la piedra.

• La luz natural debe ser aprovechada al máximo pero siempre en forma indirecta, utilizaremos cortinas claras, translúcidas, de géneros naturales como el lino o el algodón.

• Es bueno cambiar los muebles de lugar, por lo menos, una vez al año.

• Adornaremos las paredes con imágenes que nos resulten sumamente agradables, sin atenerse a regalos o herencias indeseadas y a renovarlos cada tanto. Si elegimos, como ornamentación de nuestros ambientes, las flores naturales, debemos asegurarnos de que el agua esté siempre impecablemente limpia.

• Los aromas son sumamente importantes, busquemos los más relajantes, como maderas perfumadas, incienso o jazmín.

• En los dormitorios, las paredes deben ser blancas ya que proveen de sensación de tranquilidad y pureza. No utilizaremos cabeceros en las camas y la ropa deberá ser blanca o de colores claros y de texturas amables al tacto. La iluminación deberá ser baja y sutil para lograr armonía para el descanso.

CAÑA HORIZONTAL ORNAMENTADA PARA SAHUMERIO

MATERIALES

- Tramo de caña cortada entre nudos
- Arena
- Piedra partida
- Pegamento instantáneo en gel
- 2 círculos de cartón del diámetro de la caña
- Ramitas de mimbre
- Planta mini ornamental artificial o musgo
- Barniz con color madera
- Pincel de cerdas suaves
- Sierra de mano

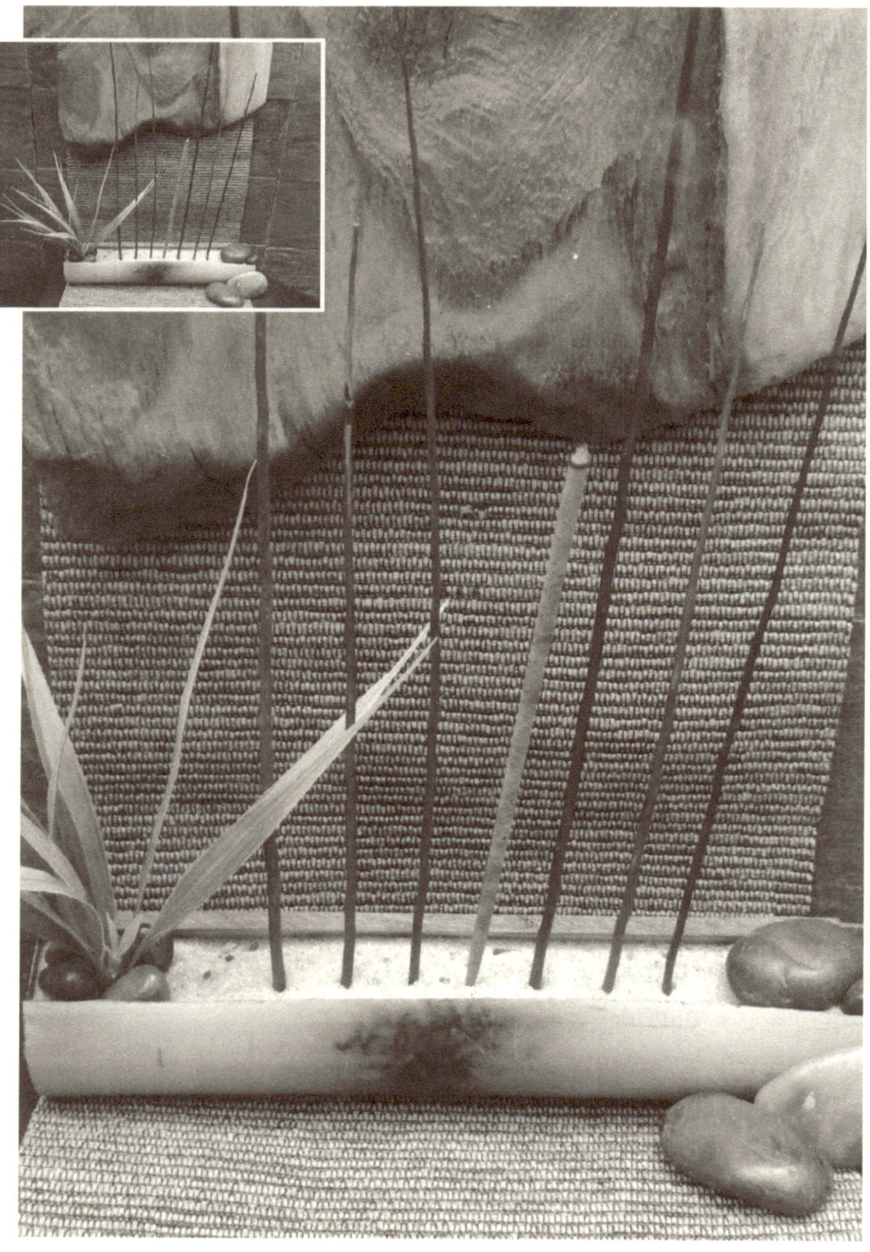

- Pistola encoladora
- 2 piedras tipo bola, o canto rodado, grandes de base chata.

PROCEDIMIENTO

El tramo de caña necesario será uno cortado entre nudos, de modo de obtener un tubo hueco.

Con ayuda de la sierra de mano, cortar horizontalmente un segmento de, aproximadamente, 2 cm.

Presentar sobre un cartón blando, los cantos de la caña y dibujar el molde, cortar y pegar en cada extremo, para lograr contener lo que vayamos a colocar adentro.

Pintar con barniz color madera los cartones y dejar secar muy bien antes de continuar.

Llenar la caña con arena común, piedra partida de pequeño tamaño o conchilla, por la canaladura hecha en la caña anteriormente.

Llegando al tope, terminaremos pegando con la ayuda de la pistola encoladora, de izquierda a derecha, piedras partidas intercaladas con la inserción en la arena de varillas de mimbre y plantas ornamentales.

En uno de los espacios donde dispondríamos una de las varillas de mimbre, colocar el sahumerio elegido.

Disponer en el lugar de la casa, seleccionado para lucirlo y sostenerlo de atrás y de adelante con las piedras.

LOS BUENOS PENSAMIENTOS
PRODUCIRÁN BUENOS ACTOS.

FOTO 6

CUADRO CON PIEDRA DECORATIVA

MATERIALES

- Portaretratos de 20 cm x 30 cm.
- 2 varillas de madera de 32 cm de largo
- Caja de fibrofácil –sin tapa– cuadrada o rectangular de 10 cm x 10 cm, o bien, de 10 cm x 15 cm
- Pincel chato de cerdas suaves
- Acrílicos negro y blanco
- Lija suave
- Barniz
- Varillas de mimbre o bambú para completar la decoración
- Pegamento de doble contacto

PROCEDIMIENTO

Pintar de color negro, lijando suavemente antes, entre mano y mano al final, el portaretratos, las varillas y el exterior de la caja.

Pintar de color blanco, con la misma técnica, el interior de la caja.

Montar el cuadro de la siguiente manera:

Pegar las varillas por detrás del portaretratos, paralelamente a los lados largos, distribuyéndolas de modo que queden centradas.

Pegar centrada la caja, sobre las varillas.

Barnizar todo el trabajo.

Colocar la piedra y las varillas para decorar el interior de la caja, sosteniendo los adornos con pegamento, ya que la disposición vertical sobre la pared puede generar caídas o deterioros del objeto.

DESPOJADO Y ORIENTAL

MATERIALES

• 4 portarretratos de tamaño a elección

• Pincel chato de cerdas suaves

• Acrílico negro

• Barniz

• Paspartú

• Trincheta

• Imágenes de ideogramas japoneses, que representen los cuatro elementos, las ciatro estaciones o las palabras elegidas de acuerdo al mensaje que queramos encontrar en el ambiente.

PROCEDIMIENTO

Pintar los cuatro marcos, de color negro, lijando suavemente antes, entre mano y mano y al final.

Centrar en cada tablero posterior los ideogramas elegidos.

Enmarcar, internamente, en paspartú.

Armar los portaretratos y disponer su espacio en la pared.

PARA TENER EN CUENTA:

Otra opción de enmarcar este tipo de decoración puede ser un solo marco horizontal o cuadrado, calando el paspartú, según corresponda en una sola pieza.

LOS 4 ELEMENTOS

LAS 4 ESTACIONES

INVIERNO

OTOÑO

PRIMAVERA

VERANO

SI QUIERES CONOCER EL
PASADO MIRA TU PRESENTE
QUE ES EL RESULTADO. SI
QUIERES CONOCER TU
FUTURO MIRA TU PRESENTE
QUE ES LA CAUSA.

TRIGRAMAS

Los trigramas son de origen chino, constituidos por tres líneas, trazadas sobre papel.

Tienen toda una amplia variedad de significados, pero los que más nos interesan son los que están relacionados con la simbología de la familia, su unión en armonía.

Son, básicamente, símbolos, ideas, imágenes, etc; no son estáticos y proyectan cambios, que pueden ser los anhelados si los utilizamos en la forma y el espacio adecuado.

SIGNIFICADO DE CADA UNO

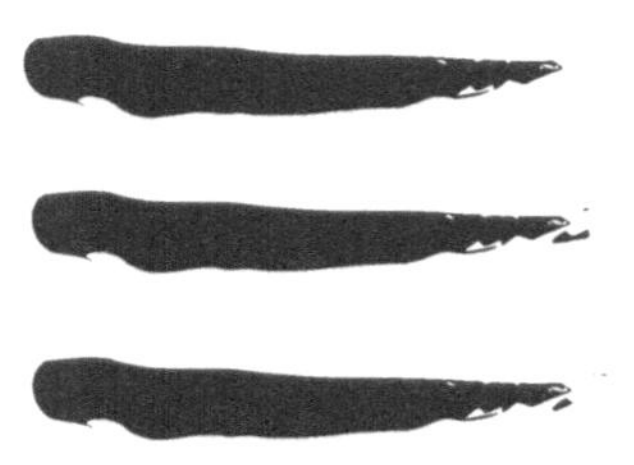

Representa al Cielo, a lo creativo, lo fuerte y poderoso.

En la familia, es la simbolización del padre.

Tenerlo expresado gráficamente otorga gran ayuda energética para otorgar éxito en los proyectos nacientes.

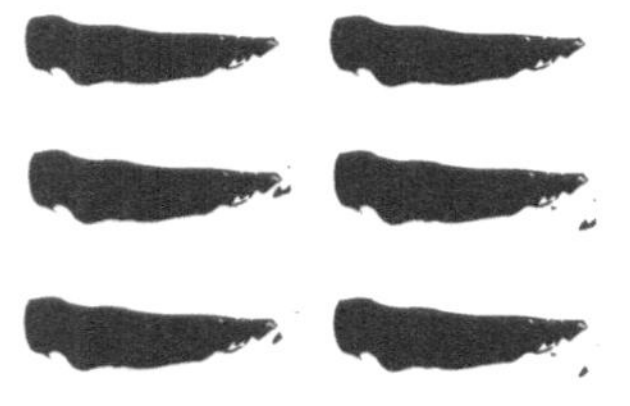

Representa a la Tierra, a lo receptivo, a lo abnegado.

En la familia, es la simbolización de la madre, que nutre, protege y conserva.

Tenerlo expresado gráficamente, en un lugar visible de la casa, otorga protección para los hijos.

Representa al Fuego, a lo adherente y la dependencia.

En la familia, es la simbolización de la hija del medio.

Tenerlo expresado gráficamente, colocado en el centro del hogar, otorgará abundancia y felicidad.

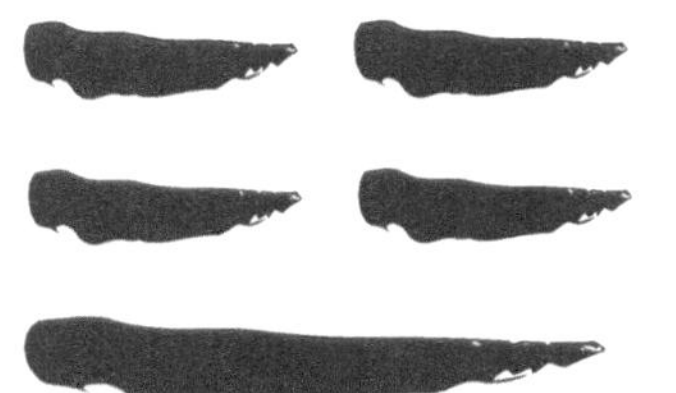

Representa al Trueno, al crecimiento, al movimiento.

En la familia, es la simbolización del hijo mayor.

Tenerlo expresado gráficamente, colocado sobre la cabecera de la cama o en la oficina, otorgará la fuerza del liderazgo.

Representa al Viento, a lo suave, al desarrollo, a lo que se difunde y se extiende.

En la familia, es la simbolización de la hija mayor.

Tenerlo expresado gráficamente, colocado en la cocina, otorgará armonía en el núcleo familiar.

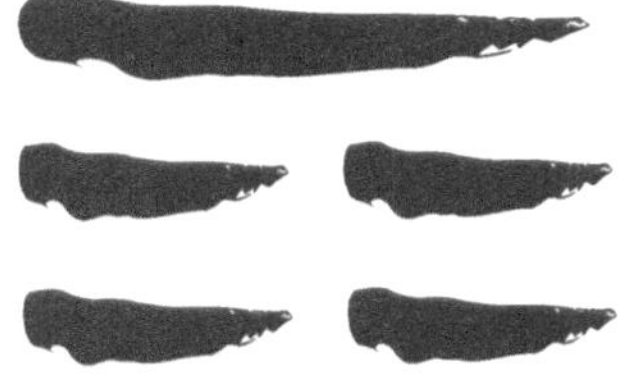

Representa a la Montaña,

al aquietamiento, detenerse.

En la familia, es la simbolización del hijo menor.

Tenerlo expresado gráficamente, colocado en la cocina, otorga estabilidad económica.

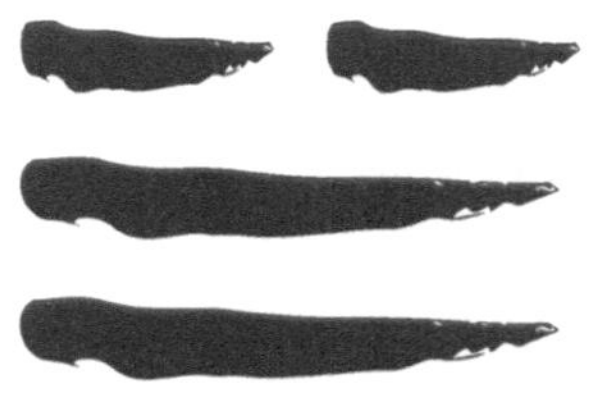

Representa al Lago, a lo sereno, a la alegría y a la comunicación.

En la familia, es la simbolización de la hija menor.

Tenerlo expresado gráficamente, colocado en el dormitorio conyugal, otorgará fluidez en la intimidad.

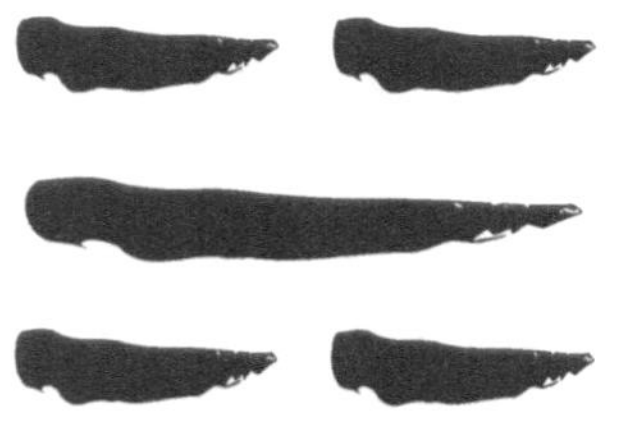

Representa al Agua, a lo abismal y peligroso.

A lo que requiere esfuerzo y sangre.

En la familia, es la simbolización del hijo del medio.

Tenerlo expresado gráficamente, colocado cerca del lugar que represente proyectos estancos, otorgará fluidez a las ideas y a las soluciones.

EL DOLOR ES
INEVITABLE...
...EL SUFRIMIENTO
ES OPCIONAL.

CENTRO DE MESA DE PIEDRAS Y FLOR

MATERIALES

- Base de fibrofácil de diseño geométrico, a elección
- Pincel chato de cerdas suaves
- Acrílico negro
- Piedra partida gris o blanca
- Barniz
- Pistola encoladora
- Velón decorativo
- Flor natural o artificial

PROCEDIMIENTO

Pintar con dos o tres manos de acrílico negro, lijando suavemente, antes, entre mano y mano y al final.

Barnizar y reservar.

Determinar el centro de la base y pegar con la pistola encoladora las piedras, de manera de poder trasladarlo y limpiarlo fácilmente.

Sobre la superficie de piedras, colocar un segundo y hasta un tercer nivel de piedras, en el centro, calculando el diámetro del velón elegido para ornamentar el centro de mesa.

Mantener la flor hidratada hasta último momento y presentar en la mesa, dejando caer la flor sobre las piedras y rociada en el momento con agua en splash.